易經

錯了幾千年

世界唯一
——
易經宇宙觀論卦

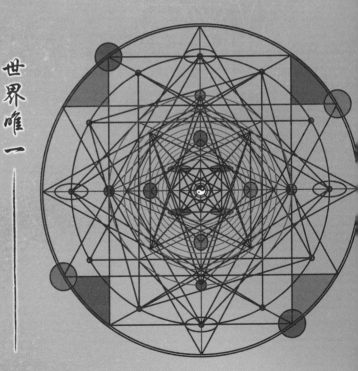

林永昌◎著

目 錄 CONTENTS

簡序

（一）「易經六十四卦相」。啟始于：「中土伏羲聖人。」。徹知萬象而作卦。以表萬象之符號。併有「連山易圖」用以「數術」。卦相符號卽顯現於：「陰」「陽」之數。

（二）「易經六十四卦相」有史記於：「夏。商。周。」實則更早於「革卦」「股（蠱）卦」卦象辭皆載有遠古曆法。卽：「十日太陰曆」有「十日」紀元推演「十日之期。重重冶。」。

（三）易經錯了幾千年。本人於：一九九五年修改爲「天象學理論」。於今年二〇二一年出版。

（四）「易經原辭」全皆錯用其辭。歷代名家論述：千篇一律：「看辭說故事：胡扯了幾千年。」

（五）易經六十四卦是☷乾天100％空有質能量中。創建出5％巽空的星系世界。本論于六十四卦每一卦皆迨卦象解讀天象。各卦皆有不同觀論。

前言

時空之由來

1. ☰乾天100%大太空間之本體，並無「時空場」與「空間場」互旋之磁能量場。

2. ☰乾天大太空遍彌陰陽絪縕五行之氣。易曰：「天地絪縕，萬物化醇。」方以類聚，物以群分，擴其萃聚之絪縕。飽和而「引而伸之。」「觸類而長之。」乃至：「陰陽構精，萬物化生。」宇宙瞬呈立定諸方星系之根本。

3. 以☰乾天100%絪縕之象。創建5%巽空大太空之星系互旋時空之運動。「顯」「隱」互立。而巽大天空5%之星系則居處於「☰乾天100%大太空間運循往復。返復不忒。且由「眾多星系共磁而「孚」于「☰乾太空間運循儀軌」。

4. 其5%巽大太空運循磁孚之諸一切星系。皆迤互磁孚于繞循「☰乾天大太空間」。而產生可計數之時空規矩循律。依循不忒。即濟：「☳天雷无妄卦」。倚互磁孚循于「☰乾天大太空。歷履无妄之「時空過遇」。

易經錯了幾千年

序

◎无妄卦乃☳雷天大壯卦上下兩單卦互易位立。
　呈爲「☰天雷无妄卦」。

◎☰天雷无妄卦所象徵的「天象學理論」是一大
　星系共構運轉的整體星系皆必需律循：「磁場
　能量相互應磁結構中。彼互磁場互擎而立定儀
　軌的固定循環。且不可妄動。乃於95%的乾天
　大太空中。另生呈5%的☴巽大太空間的眾多星
　系。迤「磁場結構產生（1）「中心磁軸」。
　曰：「時間軸。」（2）整體星系相互磁運動。
　成爲「空間場」。因而產生：「☴巽大太空5%
　比率的「星系團」。皆有時空可以見測。緣其
　運磁定律乃是一「模範定轉」。且可以觀察測
　定其運行時空。位置。公自轉。傾軸轉。

◎「☰无妄卦」的：「天象符號變易卦爻顯示：
　「伏羲先天八卦」各有「卦相象徵」。並非如
　易經原辭歷幾千年來之錯誤：「錯用爲人事
　辭。」先天六十四卦天象學符號。乃「可以
　由卦相符號變換。而觀察卦相變換所牽引之
　卦。來解悉「宇宙的起源」與「生滅的法理定
　律。」：无妄卦乃是顯現「星系運動律循之：

可以監測磁波量。」

◎☰乾天大太空95%空中。空中有象是:「微觀世界之能量元素孚於其空中之象。易曰:「絪縕」:卽☰乾天大太空中並無星系磁能量場運動。故「☰乾天空95%中。並無:時間軸和空間場的存在。」

◎故「時空」是「☴巽大太空有星系定位互旋所產生的「六相生滅八法則。」。並由定律行歷法則。傳遞「星系生命元素」與「物質能量元素。陰陽構精。而萬象化生于:諸十方界。與十度空間。」

　　註:

（1）六相生滅:生。相。旺。休。囚。死。乃:「生滅六相。」可分八法:「生。成。相。旺。休。囚。死。盡。」以「六爻論六相」。伏義有「八法」。而「八用十」。乃:「旺」期:一期為「三」倍數。

（2）「以六用八」「以八用十」「以六用四」「以四用二」「以二用一」。「一分為二」「二二合四」「二四合八」「八四十二」。此即濟六十四卦象學理變換之「卦象陰陽符號變換法」。

◎「連山易圖」是「數字演繹變換圖之本」。
　亦乃：「歸藏易圖」與「六十四卦規矩方圓
　圖。」及至「八卦符號。數理等。」蘊藏于：
　八卦符號數字變易「六十四卦卦相解析：天象
　符號有：陰陽各蘊之法則。」

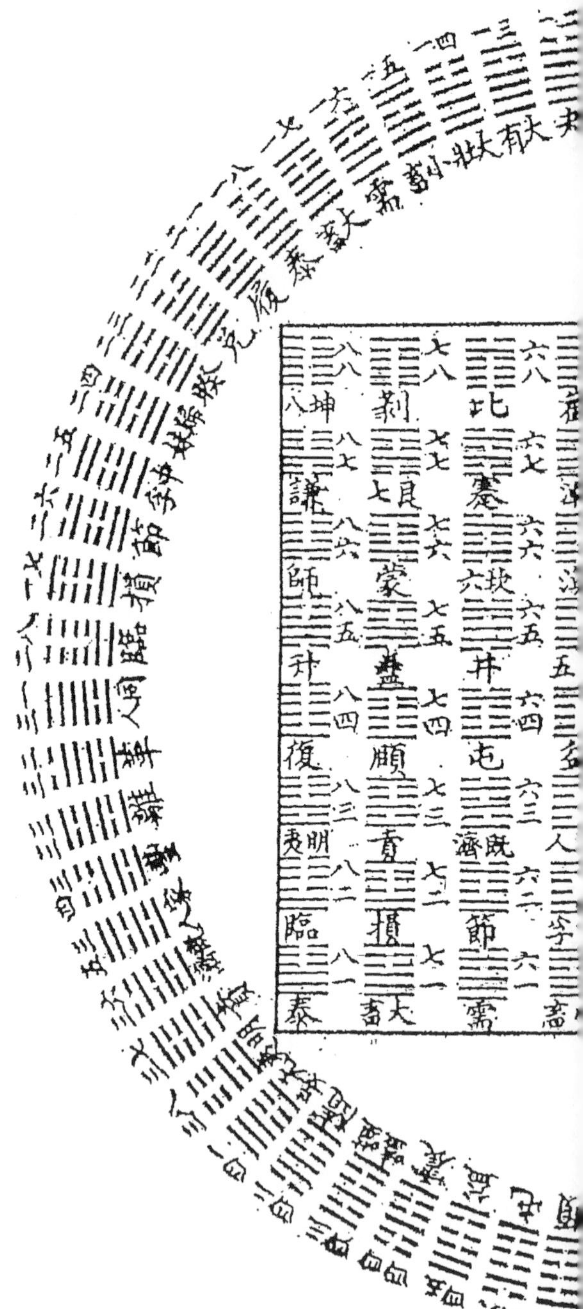
六八 比 六七 蹇 六六 坎 六五 井 六四 屯 六三 既濟 六二 節 六一 需
七八 剝 七七 艮 七六 蒙 七五 蠱 七四 頤 七三 賁 七二 損 七一 大畜
八八 坤 八七 謙 八六 師 八五 升 八四 復 八三 明夷 八二 臨 八一 泰

䷘无妄卦原辭錯用

（一）卦辭運用於「人事」已錯用「卦象」。
　　　如：「其匪正有眚。不利有攸往。」

（二）彖辭亦引用卦辭：其匪正有眚。不利有攸
　　　往。无妄之往何之矣。天命不右（不保
　　　佑）。

（三）象曰：「先王以茂對時」與先王無關。

（四）六二：「不耕獲。不菑畬。則利有攸往。」
　　　象曰：「不耕獲。未富也。」此與星系運轉
　　　無關。

（五）「六三」：原辭把：「无妄之災。或繫之
　　　牛。行人之得。邑人之災。」失牛小事用
　　　喻亦與天象無關。

（六）詳細看「易經原辭」皆出夏殷商，周文
　　　史記。且每一卦皆有「上句自己反駁下
　　　句，互相矛盾之辭。」幾乎每一卦的：原
　　　辭。都有此現象存在了「數千年的易經原
　　　辭。」

（七）因此，本論。已經將「易經六十四卦」依
　　　卦象顯示之：「天象學理論」全部回復
　　　「六十四卦象天象學理」。

（八）「易經錯了幾千年」……。

序二十五卦天雷无妄卦相論

序二十五卦☰☳天雷无妄。巽木四世卦。

◎「☰天爲空相」。☳雷動在☰乾天之內卦。中四☴卦是「居中位的上九天位爻下。有雷☳動之象。呈顯于：中四互人位卦：「☴巽風旋於☶艮山繞循而動不止。其繞循不止象在下四爻：「☶☳山雷頤卦相」。「頤中有物」。「☶☴風山漸卦。啟動于上四爻天位卦「☰☴天風交姤。連結：「天位卦」「人位卦」「地位卦」的「三才串連一體相。」。

　　「☰☳无妄卦」。毫無任何念想之相：

（1）「妄」：事物的忽生、忽滅。變幻于瞬間。非「己力所作爲」。故稱：「无妄」。

（2）「妄」：妄想念起。上卦☰乾天爲：「空」。空中存在無形相質能量。括涵：☳雷、電。生「光與火」。互相咸應天空之際合。自然定律：「陰、陽質能量體象」本无妄念。「隨」「臨」「履」「咸」。☳震雷爲動。動極☰乾天「空大應合」。是自然造化所成就其「震、

動」之「運動星系磁場定律。」顯相于「萬物之咸。」卽濟:「臨」「履」于:「隨」。本无妄念。故非「己力」所爲之「因果」。

（3）「因果」是「極端之科學」。曰:自作。與「自受」。施以「作用力」。咸應產生:「反作用力」。六十四卦三百八十四爻。陰、陽對等。應合是「陰陽之相引力」。爲:「陰、陽。對等相受力」。緣「運轉於无妄之因。發生:斥、合、和。之果。」故。「科學乃極端因果之:隨、臨、履」。皆出:「妄念行動」與「无妄想而動行。」卽有:「相受力」。「宇宙自然萬象」亦皆如是「无妄」或「妄」（人爲所作曰:妄。）所產生不同等質能量之受力。

☳震雷動於「☰天」。陽氣發舒。並育萬物。各適其性。各遂其生。自然而然。眞實而無虛妄。震雷出於「☰乾天」空大。表露造化無遺。萬物生息順乎自然。非人力所能爲。亦無絲毫勉強自然之象。相形應合而生。非「妄想念生」。稱謂:「自然无妄」。「有妄念想」則諸相各俱生。「先天六十四卦相」每一卦皆有「周。易。全方位

之：卦象學理」。

性情

☳无妄卦辭。與「☰乾天卦」同用：「元亨。利貞。」无妄卦主示自然界宇宙萬象絪縕創建不間。源啟：「无妄」。自然創建于「自然陰、陽所產生：排斥力。吸引力。相等分合力等：三組互動於：能原量力彼互居☰乾天空大有中。衡等以恆。」是「眞實无虛」☳无妄的創建之象。故以：元亨。利貞。」爲「主象徵。」。

☰乾爲天。爲元。爲大。☳雷爲正（震鎮）爲動。同屬「自然象空、大、有衡恆之道」。☳无妄卦「九四爻變」卦成：「☴風雷益卦」。先天八單卦屬性。☰乾：至健。☳震雷：至動。☰乾天至健大空有中合應☳雷震之大動。「元」：始也。始於「大空有中之始動」。乾天空大順應乎任何物質能量對應所產生之動。自然「元亨、利貞。」無有「妄」想念作。亦卽：「無爲而呈現大作爲。」。顯示：「宇宙萬象創建之元」。始于：「自然絪縕陰陽相應交錯」產生「不間斷」的「衡」「恆」「姤」「遯」。「隨」「臨」「履」「旅」。創建于「外」而「衡、恆」于「內」。架構相象：「先天六十四卦方圓

規矩圖示。」圓之內爲「衡恆」无妄。圓之外圍：「創建无妄」。內、外皆：「不間斷」于：「生滅八法要」。

　　☳无妄卦象于：「☰乾天元亨」卽濟「創建之始」。元亨通運行並無任何「妄動」。內星系宇宙世界共構持恆于「自然：斥、合、和」三等力中變易：衡等。節。中孚。恆也。卽濟「☳无妄卦」顯示：「天象」：「元亨。利貞。」。遂行「天道」理、法之機紐。

論卦相

（一）「☳无妄卦」綜四重卦：「☰☳」：

　　（1）上四爻互：「☰姤卦」。中四互：「☱大過」。下四互：「☱夬卦」。

　　（2）「☰☳」上兩卦重：「☳无妄」。下兩卦重：「☶大畜卦」。

　　（3）「☳无妄卦」錯卦：「☷地風升卦」。无妄：依循星系磁孚能量場：☳下卦動而向上☰卦進升。卦辭：「无妄。元亨利貞。无妄其斐。乃☷升卦利有攸往而「亨貞之象。」。〔註：綜合前述卦相變易可見知天象用辭。〕

（二）「无妄卦」：乃是循律迤從星系間三和磁
　　互定位運行：（1）公轉。（2）自轉。
　　（3）軸轉。三和磁孚定位星系一整體系之
　　「模範運動」。顯示：「各大小星系」皆
　　有「三和共磁定軸運行各自軌道」與「人
　　事並不相干」。

易經原辭卦辭

䷘无妄卦辭：（節錄易經講義）

无妄（一），元亨，利貞，其匪正有眚，不利有攸往。

【新註】

无妄：實理自然的意思。（本義）史記作无望，是說無所期望而有得。（本義引）至誠。（程傳）

无妄就是實理自然，亦可說是無所期望而有得，是非常至誠的。至誠是天道化育萬物，生生不窮，各正性命，是无妄。人能合无妄之道，就可致大亨，而利於貞正。失正就是妄，而且有過失。既然已經无妄，不宜有往，往則妄。

▲案：妄，說文是亂。春秋繁露天道：施妄者，亂之始，雜卦傳：无妄，災也。災，鄭本作烖。說文：天火曰災，引申爲凡害之稱。无妄，無害也。无妄而有害，災也。春秋左氏宣十六年傳：凡火，人火曰火，天火曰災，故災，是天火，非人火之。无妄之火，天火之，

非人火也。又史記春申君傳，作毋望。正義
曰：猶不望而忽至。無望繼復卦。序卦傳：復
則不妄矣，故受之以无妄。因復是復于善，復
于善卽不妄。

　　船山論无妄說：聖人盡人道而合天德，合
天德者，健以存生之理，盡人道者，動以順生之
幾，百年一心，戰戰慄慄，踐其眞而未逮，又何
敢以此爲妄而輕試之藥也哉。故曰先王以茂對
時，育萬物，蓋言生而有也。船山以无妄必眞，
无妄必生而有。

本論无妄卦卦辭

◎〔本論〕：

　　〔☳无妄卦卦辭〕：无妄。元亨利貞。无妄。其斐正牖道。利有攸往。」〔註：无妄卦「元亨利貞故：利有修往。」

◎〔註釋〕：「☳天雷无妄卦」：
（一）「☳无妄卦」：「无妄。元亨利貞。」：
　　　「元」：啟始曰：元。亦廣矣。大矣。
　　　「亨」：暢通無限曰：亨。「利」：利攸關之所以為用。即濟：「利用」與「使用」。「貞」：貞固、堅毅、剛健曰：「貞」：即濟「正道之運循于堅固且貞正不忒。」
（二）「无妄」：無有任何妄想故無有妄動。宇宙十方、十界、十度空間中。所有「運循的星系。皆倚其：定位。定軌。內應相互繞行恆星。外應諸外有磁場能量對應之星座。生呈：定律模範。」「☳无妄卦」主述「天相」。

（三）「无妄。其斐正。牖道。利。有攸往。」：星系各自倚其各自磁能量場各自斐正牖道。相互倚衍接繫各星系理當磁應的星體共構「各別運轉於：各軸埠之磁能場造就：時空行歷。」共構其斐正。乃「牖道」於：「創建之時」應於「簡易」的「觸類而長之。」彼此逶迤不間。圓道周流。循環往復。「☳无妄卦」卦辭：「无妄。元亨。利貞。无妄。其斐正牖道。利。有攸往。」。其「斐燦於正規正矩」行履牖道。曰：「利。有攸往。」

易經原辭象辭

◎〔☳无妄卦象辭〕：（節錄易經講義）

象曰：无妄（一），剛自外來而爲生於內，動而健，剛中而應，大亨以正，天之命也。其匪正有眚，不利有攸往，无妄之往，何之矣。天命（二）不祐，行矣哉。

【新註】

（一）无妄：正而已。（程傳）

（二）天命：天道。（程傳）

【新譯】

象傳說：无妄是正，初九的陽剛從外來而爲內卦的主，動而以天，動是主，這下動而上健，是其動剛健的了。五以剛居中正，二又以中正相應，順理而不妄，所以道大亨通而貞正，乃天之命。小失於正，則爲有過，就是妄，就是匪正，就由於有往，若无妄而不往，何由有匪正。

▲案：剛德在內，存心无妄，乾健震動，不屈於私，制行无妄，剛中而應六二，彼此同德，人已无妄。程傳以无妄，理之正，更有往，將何之？乃入於妄，往則悖於天理，天道所不祐，

易經原辭象辭　23

可行乎哉。

　船山以業已成乎无妄之世，更不可往也。

本論無妄象辭

◎〔本論〕：〔䷘无妄卦象辭〕：

象曰：「无妄。剛自外來。而往主於內。動而健。剛中而應。達亨迻正。天之命冶。其斐正牖道。利有攸往。无妄致往。闛致迻。天命有孚。循秩。範常冶。」

◎〔註釋〕：

（一）䷘天雷无妄卦象辭有將「天之命也」涵括卦相「乾天」以「彼我論法」上 為大。天雷☳皆空相。䷘天雷无妄卦相「天象」已於卦辭「元亨利貞」表顯其創建與「乾天卦」有同象徵意義。一切創建皆「誠正而无妄念而行履」。象辭亦有「其斐正牖道。利有攸往。」顯現「天相之廣矣。大矣」。「其斐正牖道。利有攸往。」。

（二）「䷘无妄卦」象曰：「无妄。剛自外來」：上☰乾天卦居上。為「來」之卦相。〔註：九五爻辭：「无妄來輯」即接繫此象辭：剛自外來。同用：「來」：「外卦而來。」

（三）「而往。主於內。」。下卦「初九」震動

主於內卦」。〔註：初九往上震動縛上兩陰爻。〕

「動而健。剛中而應。」：「九五」「六二」倚「九五剛健正應六二中爻位。」

（四）「達亨迤正。天之命冶。其斐正牖道。利有攸往。」（1）達亨迤正：達臻亨通各星系運循。乃迤銜其儀軌運行倚正。（2）「天之命冶」：乃「☰乾天大太空間承載眾諸星系運動於各自磁應儀軌之內的定律行程：曰：天之命冶。」。〔註：命：註定的行程。非己力所能改變或移徙變動的事。皆謂之：「命」。〕（3）「其斐正牖道。利有攸往。」星系共構斐燦其道。牖其道軌所依其磁場能量與其位置。等諸星體條件。由個而挈同運行。更遍及一恆星系之外的星座產生共同「定位運轉」。並循環「時空履歷」。

（五）「无妄。致往。天命孚右。循矣哉。」「無有妄念妄動並無所思慮。致行：同一而致的各循其軌道運行。且即濟☰乾天大太空間所創牖，信孚不移之「定位循環周期」。即濟「先天六十四卦規圓圖」

由：「☰乾天居上位。自天右之。」曰：
「天命孚右。循環一周天。往復環。自天
孚右。即濟：『周天易』之運轉規律模
範。」

易經原辭象辭

◎〔☰☳无妄卦大象辭〕：（節錄易經講義）

象曰：天下雷行，物與无妄。先王以茂
（一）對時（二），育（三）萬物。

【新註】

（一）茂：盛。（程傳）

（二）對時：順合天時。（程傳）

（三）育：養育。（程傳）

【新譯】

大象說：雷行於天下，陰陽交合，相薄而
成聲，於是驚蟄藏，振萌芽，發生萬物，其所號
予洪纖高下，各正其性命，無有差妄，是物與无
妄。先王觀天下雷行發生賦與之象，而以茂盛
順合天時，養育萬物，使各得其宜，如天與之无
妄。

【集註】

船山易內傳：茂，盛也。對，猶應也。雷承
天而行，發生之令，不必有定方定候，而要當物
生之時，……以無擇爲盛，以不測爲時。

本論无妄卦象辭

◎〔本論〕：

　　☲象曰：「天下雷行。務輿。无妄。挈往迤衰。兌頤。載育萬物。」

◎〔註釋〕：

（一）象曰：「天下雷行。」：☰乾天為「空中有」：「空中有萬有元素」與「萬象物質五行元素的磁能量場」主宰整個宇宙星系循其模範。且各個共構「整體運動」。下卦☳雷震：動相。運動於☰乾天大太空間。

（二）「務輿。无妄。」務必需各個大星系運轉之軸轉輿循定律運轉時空行履。無可妄冶。即應象辭：「天之命冶」與「天命孚右」行循由☰乾天孚右往復一周天易。

（三）「☰乾天大太空承載萬象」其「空中為有」：有「萬有能量元素」與「磁應運動並校調所承載之一切星系行履於其：「天命」「孚右」。即「先天六十四卦之規圓圖」。

　　象曰：「挈往迤衰（上、中、下。成一直線三點立定一線。曰：衰ㄇㄠㄟ。）巽旋

三百六十度之「輿輪返復」曰：「兌」：
兌現、遂行。而其定位、定軌、定律。乃
「頤中有物」生呈之大象。於其運輿中。
產生所有物質、生命元素比、合、陰、
陽、觸類而長之。即濟：「陰陽構糧。萬
物化生。曰：「兌頤。載育萬物。」

（四）「兌。頤。載育萬物。」之：「萬物」囊
括宇宙一切「95%」之「陰象物質能量元
素」與「5%顯相」星系之間的：「磁能量
場對應」。涵括：「生命眾生相」與「物
質複合之所有相」。慨括於「十方」「十
界」「十度空間。」

易繫下五章：「陰陽構精。萬物化生。」即
濟「整個宇宙中」的所有「陰隱」「陽顯」之整
體「三和立定複合能量元素」而「創建萬象」。
此即：「☰乾天太空」而「☳震動其內。」。定
律：「☰☳天雷：无妄。」

易經原辭初九

◎〔☳无妄卦初九爻辭〕：（節錄易經講義）。

初九，无妄，往吉（一）。象曰：无妄之往，得志也。

【新註】

（一）往吉：以內誠而往，其吉可知。（本義）

是說以无妄之道而行就吉。（程傳）

【新譯】

初九陽剛在內，是誠之主，卽无妄之象，以內心眞誠无妄而往行就吉。小象說：以這樣眞誠无妄的往行，沒有不得其志的。因誠之於物，無不能動。

【集註】

船山易內傳：无妄之不利有攸往者，業已成乎无妄之世，更不可往也。（此指象辭說）往吉者，以其无妄而往也。初九承天之命，以其元亨利貞之德，信諸心者，動而大有有為，立非常之功，如伊尹之放太甲，孔子以匹夫作春秋，行天子之事，則先天而天弗違，往斯吉矣。心安而人莫不服。

▲案：至誠而動——往吉，事無不利，如陸贄以

至誠感德宗，大舜以至誠感動瞽瞍。又武后臨朝，忠臣多爲所殺，而狄梁公獨爲信用，亦是以誠感之。

本論无妄卦初九爻辭

◎〔本論〕：

　　「䷘无妄卦」初九：「无妄。往輯。」
〔註：䷘无妄卦，全部是星系說。〕象曰：「无妄。致輯。得秩冶。」

◎〔註釋〕：

（一）「䷘无妄卦」初九：「无妄。往輯。」：無有任何妄想與動念。依循各個星系的磁場定律軌道運行於「理」當之「法」。往。攸利。且相互匯輯于有「來」「往」之運循架構。曰：「无妄。往輯。」

（二）象曰：「无妄致輯。得（ㄉㄟˇ）秩冶。」：宇宙間任何星系為同互挈擎的共構「三和體相」。倚其磁場編輯定律運行於「䷀乾天大太空間。」行履：「无妄致輯」。且各「大」「小」星系皆得（ㄉㄟˇ）：當應磁場：斥、合、和。三等力而衡恆于有：「有秩序紀律所創建冶造的：圓道周流。循環往復的：道、理、法之中。」

（三）「䷘无妄卦」初九爻是下「䷲雷震卦」之

初爻。以：「一陽」縛「二陰」震動行歷往上而行。故以用：「无妄。往輯。」呼應於：「九五爻：无妄來輯。」其「往」與「來」之共構在：「☳ 无妄卦」上四爻天位卦之「來」：「☰ 天風姤卦」。歷中四爻人位卦：「☴ 風山漸卦」。於「人位卦交互於：中。間。☴ 巽風旋巽下 ☶ 艮山之定位不動之定律。

（四）「☳ 无妄卦」中四互下 ☶ 艮為不更迭定矩。上「來」於「☰ 姤」。下四互地位卦為「☶ 山雷頤卦」：「頤」乃「正養」「養正」。「蘊頤、護頤、養正之相。」

（五）「來」「往」交互於「下五爻互：☴ 風雷益卦。」。益卦象：「損上益下。下五互成兩卦。為「行 ☶ 剝卦」而「履 ☷ 復卦」。益卦象：「中正有擎。」互應「☳ 无妄卦」中四互 ☶ 艮山之「擎」。亦互應 ☳ 无妄卦辭：「元亨、利貞。其斐正牗道。」。乃「正」「中」之道軌。蘊伏在「☳ 无妄卦」地位卦：☶ 頤卦的「下養」與「養正」之定律節制與「數」「度」。

（六）「☳ 无妄卦」亦有「非己所為而蒙受其災。」。此為「人事地物時論」的：「飛

來橫禍」與「枉受冤屈」。但「易經
六十四卦相」的「䷘无妄卦」。全述宇宙
星系運動規矩模範之表顯在卦相與卦辭之
中。無關人事。知「卦相」亦即知「人事
占卜之法解」。

（七）「䷘无妄卦」初九爻正位。震䷲上二陰爻
循䷀乾天之大太空象行歷所有星球衡恆運
循。曰：「无妄往輯。」。象曰：「无妄
致輯。得（ㄅㄟˇ）秩冶。」。

易經原辭六二

◎〔☳☰无妄卦六二爻辭〕：（節錄易經講義）。

六二，不耕穫，不菑畬（一），則利有攸往。象曰：不耕穫，未富（二）也。

【新註】

（一）不耕穫，不菑畬（ㄕˋㄩˊ）：耕是農事之始，穫是收成其終，田一歲叫菑，（第一年耕種的田）三歲叫畬。（已經種熟的田）是說不首造其事，因人心所作為乃妄。（程傳）無所私為於前，亦無所期望於後的意思。（本義）

（二）未富：未是不定辭。（程傳）富並不是要富有天下的富，是不計其利而為的。（本義）

【新譯】

　　六二與五正應，柔順中正，因時順理，無私意期望的心，所以不耕而穫，不菑而畬，即不首造其事，而無欲為於前，亦無欲望於後，完全以真誠无妄，則所往利而無害。小象說：以真誠无妄不耕而穫的意思，並不是要富有天下，乃是不

計其利而爲的。

【集註】

　　船山易內傳：田間歲而墾曰菑，歲耕成熟曰畬，不耕而穫，不墾而熟，有代之於先者也。……二柔得位而居中，雖與震爲體，而動不自己，靜聽以收其成，則往而利。……不耕而穫，其所收者亦薄矣，惟不貪功利。

▲案：程傳以耕者必有穫，菑則必有畬，是理之固然，非心意之所造作，如是則爲无妄。聖人隨時制作，合乎風氣之宜，未嘗先時而開之，若不待時，則一聖人足以盡之，豈待累聖繼作。

　　無不耕而穫，不菑而畬之理，只是不必於耕而計穫之利，是卽先事後得，先難後獲之意。誠懇作爲本身卽是人生，正誼明道人之所應爲。

本論无妄卦六二爻辭

◎〔本論〕：「☳☰无妄卦」六二：

「不更或。埠。秩輿輒。利有攸往。」

象曰：「不更或。制。阜冶。」

註1：輿、輒。乃即濟各大星系。極至各方界
與各度空間之總括囊。

註2：制（ㄓˋ）：制迆：公正且綿長不間。
迆：逶隨：迂闊遼遠。從容自在的運轉
其軌儀。

註3：「阜」（ㄈㄨˋ）：盛大繁多。眾多且
豐盛。

◎〔註釋〕：「☳☰无妄卦」六二：

（1）：「不更或」：不更動。毫無更動之機率
曰：「不更或」。〔爻辭用：「秩」象辭
用：「制」。〕

（2）：「埠。制輿輒。利有攸往。」：各個星系
總埠為有磁場能量運動之「軸輹」至「輒」
的「秩序旋轉之空間與定向整體運動制
度」。有利各大星系運轉於宇宙「☰☰乾天大
太空間」。存蓄著各大星系的「運行宇宙空

間之軌道」。

（3）：不論任何星球自轉之「方向」與「傾
角」，皆亦需依秩同向運轉之「同向運動行
履」。〔註：太陽系皆由西向東自轉各個星
球。唯有金星、天王星「東向西自轉」。〕
其「反向自轉」乃對應於整個太陽系各行星
的「磁能量波率」作「抵消反磁效應」使
「金星」在太陽之旁。緩慢逆行。作用於
「太陽系諸大行星公轉」產生的：斥、引。
磁波率。倚「金星承載而逆行」成爲其自轉
定律。公轉與行進整體相則皆同一致。金星
的「消磁作用力」是其依「磁場能量」載承
於：「☳天雷无妄卦六三爻辭之象徵。」行
星傾斜牖冶于二十八星宿定其傾角度。

易經原辭六三

◎〔䷘无妄卦六三爻辭〕：（節錄易經講義）。

六三，无妄之災（一），或（二）繫之牛，行人之得，邑人（三）之災。象曰：行人得牛，邑人災也。

【新註】

（一）災：害。（程傳）

（二）或：設或的意思。（程傳）

（三）行人、邑人：但說有得就有失，不是以為有彼己的。

【新譯】

　　六三陰柔，處不得正，无妄而有災害，如或繫的牛，行人牽得而去，居者反遭詰擾的災害。小象說：行人牽得牛，而是居者遭到損失之害。所以有得有失，妄得之福，災亦隨之。

【集註】

　　船山易內傳：行人謂初九，邑人則三固居其位者也。……災自外至者也，非三之自取。……然失牛於其邑，不責其人而誰責，則亦非妄也。災既非妄，安受其眚可矣，故不言凶。

▲案：此與失火而殃及池魚相似，池仲魚人名因
　　城門失火焚死。又云：城門失火，汲池水救
　　之，水涸魚受其殃。

本論无妄卦六三爻辭

◎〔本論〕:〔☳无妄卦六三爻辭〕:

六三:「无妄咨載。獲繫咨紐。衍任秩循。
施(一ヽ:施行)任自簡。」

象曰:「衍任興輒。施(一ヽ)任載冶。」

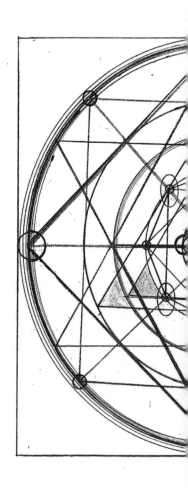

◎〔Ａ一圖示〕：〔磁循規矩定律圖〕：「三點定
　軸。四點定位。皆同是理。」。

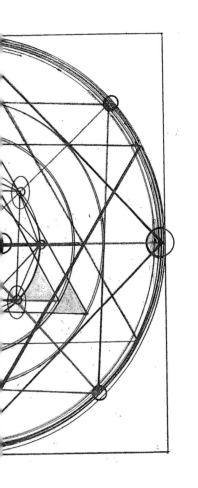

本論无妄咎載

◎〔本論〕：

「无妄咎載。獲繫咎紐。衍任秩循。施（一ヽ：施行）任自簡。」。

象曰：「衍任輿輒。施（一ヽ）任載冶。」。

◎〔註釋〕：

（一）「☳无妄卦」六三爻已臻「九四鄰比相應之爻位」。下四互地位卦：「☶山雷頤卦」已顯現二陽居：「天位」與「地位」護內「☷坤卦」之蘊頤。以「養正」「正養」一宇宙星系蘊頤於內之運轉模範。且其中四互人位卦「☴風山漸卦」與天位卦「☴天風姤卦」亦居於「☳天雷无妄卦」本卦中尚蘊藏著其他世界存在其間。地位「☶山雷頤卦」只顯示「☳无妄卦」中「地位卦」即濟：「☳震卦向上☶艮止於天位全卦中之「九四爻位」。為「第四度☳震卦」人類所居處的空間。六三爻陰爻鄰比相互比應而止於「☶頤卦」地位卦。造就第四度☳震卦生命、物質可倚動為

「觀」的世界宇宙。故「☳无妄卦」九四爻比應以「四」成「互」。其爻相居无妄卦中是「應於：地位卦」。且互於中四互。與上四互天位卦。呈立☳无妄卦為「宇宙星系運循的共構為「有系統互應。並有異同與同異分界而又可穿越其間隔時空之：交接點」。

（二）「☳无妄」六三：「无妄咨載。獲繫咨紐。」示顯宇宙各方界之星系運轉。各自承載其運循來往其間不忒。曰：「无妄咨載。」

（三）「獲繫咨紐」：彼互衍繫來往運循於「中心樞紐之中軸轉的總埠磁能量場。」並獲從輯籍。而「定位」「定律」「定軌」運行各大星系繞循中軸轉樞紐總埠之磁能量場。且不更或。埠秩輿輯。利有攸往。連銜初九☳震卦之一陽縛二陰爻辭于卦象之中。

（四）「衍任秩循。施（一丶）任自簡。」：迤衍互任其位。倚秩循第次。架構各自依其磁能量場。使用於「簡選各別或綜合磁能量場。施行簡易行歷各自軌儀。」曰：「衍任秩循。施（一丶）任自簡。」

（五）「☰☳无妄」六三：象曰：「衍任輿輌。施
　　　（一丶）任載冶。」

　　象曰：繁衍循任皆倚仗各星系磁場能量且无
妄不更或。由軸輓臻輯至堅輌咨載。故曰：「衍
任輿輌。施任載冶。」。

易經原辭九四爻辭

◎〔☳☰无妄卦九四爻辭〕：（節錄易經講義）。

九四，可貞（一），無咎。象曰：可貞無咎，固
有（二）之也。

【新註】

（一）可貞：可固守。（本義）

（二）有：猶守之意。（本義）

【新譯】

　　九四剛陽居乾體，下無應與，但誠可以貞固
自守，則無咎。小象說：可以貞固自守則無咎，
是守其固有的。

【集註】

　　船山易內傳：四與初相應，……動而无妄，
固有其事，則抑固有其理，諒其非妄而與之相濟
可爾。

▲案：此其才可有爲，而无人共濟，固當順時而
　　止，如劉備托菜種園時是。

本論无妄卦九四爻辭

◎〔本論〕:「☲无妄」九四:

　　「可臻務就。」

　　象曰:「可臻務就。固牖咎冶。」。

◎〔註釋〕:「☲无妄卦」九四:

　　「可臻務就」顯示☲无妄卦的下四爻地位卦「☲頤卦」依循于「☲頤卦」之「上九」「初九」固定的軌道運動。「可」ㄎㄜˇ:達臻九四、初九兩陽爻護內☷坤頤養、正養之功。曰:「可臻務就。」。〔即濟无妄致行。〕

　　象曰:「可臻務就。固牖咎冶。」可臻乃:「九四爻」居下四互「☲頤卦」之上九天位剛健堅貞。領下五爻。且其堅固剛健自其開啟創元始啟「元亨。利貞」曰:「固牖咎冶。」

◎註(一):「☲妄卦」下四互地位卦:☲頤卦。頤卦綜覆亦是「☲頤卦」。上下兩陽爻即使綜覆卦。亦呈顯「頤養之功」。內四互☷坤卦乃天、地間之眾民。天、地:「乾致大始。坤酌作物。」上繫一章:

　　「乾致大始。坤酌作物。」

　　「乾迨易咎。坤迨簡能。」

「易擇易致。簡擇易從。易致擇有親。易從則有功。牖親則可久。有從則可大。」

（二）此即對應上一章：「方以類聚。物以群分。」互應陰陽彙萃。亦互應易繫下五章：「三仁行。則損一仁。一仁行。則得啟牖。」。言致一擇易冶。顯示：「二合一」而「一仁行（仁謂物質能量元素之陰或陽）。則得啟牖。」（單一无應之能量元素則外應于外且啟牖）。言：致一擇易冶。〔依其同萃。觸類而長之。此皆易繫錄「陰、陽，皆有五行合十之：「生、尅、制、化、合、比。」等「六法相」。

易經原辭九五爻辭

◎〔☳无妄卦九五爻辭〕：（節錄易經講義）。

九五，无妄之疾（一），勿藥有喜（二）。象曰：无妄之藥，不可試（三）也。

【新註】

（一）疾：是病。（程傳）

（二）有喜：是說病自消失。（程傳）

（三）試：少嚐之。（本義）暫用。（程傳）

【新譯】

　　九五乾剛中正，當尊位，又與下正應，可說无妄之至，如果有疾，不用藥治，病也消失於無形，所以有喜。小象說：既然无妄，再用藥治，反爲妄了，那是不可嚐試的。

【集註】

　　船山易內傳：初擁震主之威，以立非常之功，五之疾也。然五中正得位，坦然任之，而不疑其妨己，而亟於施治，初九之志本非逼己，功成而坐受其福矣。

▲案：如孔子於叔孫、武叔，既已无妄而有病之

者，則自如无妄之疾，不足爲患，故勿用藥攻
治乃有喜。

本論无妄九五爻辭

◎〔本論〕：「☳☰无妄卦」九五：

「无妄來輯。不可越。牖輿輻。」。

象曰：「无妄不越。埠。有徙冶。遐爾不忒。」

◎〔註釋〕：

（一）「☳☰无妄卦」。九五爻由初九行履至九五。☳☰无妄卦下五爻互卦已呈現：「☴☳風雷益卦」。上九一陽統領下五爻互卦：「☴☳風雷益」。顯現出：「宇宙十方」。十界、十度空間乃由：「連山易」行履「九死」「十盡」：「損」「益」兩卦用「十」盡數于：「歸藏」。規矩循環于：「周天易」。行歷易經六十四卦先天卦相的「圓道周流。循環往復。」的定律規矩。

（二）「☳☰无妄卦」顯現出宇宙星系循環乃是「六十四卦規矩模範」。唯有「易經六十四卦相」卦象學理可以顯現「宇宙萬象」之「道、理、法。」顯現在「无妄卦爻辭呈現卦相學理」。

（三）「䷘无妄卦」九五：「无妄來輯。不可越。牖輿輻。」：「无妄」即：依循不妄動。「來輯」：往返來復不間其制於軌儀往復。曰：「无妄來輯」。

「不可越」：不可踰越出各自運循軌儀空間。「牖輿輻」：自啟創建之始。已臻：元、亨、利、貞。斐牖「輿輻」共構運轉。

（四）象曰：「无妄不越。埠。有徙冶。遐邇不忒。」。〔註：遐邇不忒。其星系運轉位置。恆常於模範。曰：遐爾不忒。〕

（五）「䷘无妄卦」：所顯現的卦相是一整體大星系運轉共構總磁能量場分佈于每一繞轉于「恆星系之每一行星」皆圍繞最大磁場能量的恆星繞行於「平面中產生繞循時有不同變化現象」：

（1）「行星繞行恆星」是：藉由太陽恆星之大磁場所「引合力」而「以本行星磁場斥開力」共架構成星系依磁能量比例而各就圍繞太陽恆星運動。即濟於「同向運動於公轉繞循。」

（2）各行星公轉繞行「太恆星」。各依其所受到之「磁引力波」皆有「陰」

「陽」吸引力的「比值」，而彼互依各自「磁波」與各星系「磁波的吸引力」和「互排拆力」中和於其「定位」「定軌」運循太陽。卦相以「三等力」合「一」之道、理、法。顯現出各星球磁場能元量共構于「綜合同體運動」彼互依序律各自運行在「公轉軌道上互應磁波的：三和等衡作用力」。

(3)各個星球圍繞一恆星運動。產生「公轉磁波引力效應」。而「斥力」則產生其「各行星有斥力效應」且「生呈斥、合、兩極陰陽共構：三。三。三。力衡等比和。顯現各星球各有：自轉運動比和力。」故各星球自轉會產生各自速率比。

(4)各個行星的「傾軸度」除了與「太恆星」之「斥」「引」「和」三等「作用磁波效應外」。其「固定各個行星不同傾角運動於：固定傾斜角度者」乃來自：太陽系外的諸大星系之磁波共構與外星宿星座之星座磁波能量規矩模範定律：太陽系之行星皆有：外

應之星座磁波固定位其傾斜角度。倚此磁波固定各星系各自有不同對應於「矩四角定位之引力」此「外應磁波力」乃各行星「產生不同比率之傾斜度。」

（5）元於整體星座皆有共構運動。和「磁波：斥、合、和。」之呈現：「鼎立作用力」而「亨」「利」「貞」。「☳无妄卦卦辭：元亨利貞。无妄其斐正牖道。利有攸往。」即濟呈現：「磁波」在「斥」「引」「和」三比和力之下。產生「太陽系」圍繞於「太陽引力波」與「本身斥力波」互抵。而公轉與「自轉」發生各自「受力於：外應磁波率的作用。產生：永晝。永夜。極晝。極夜。年度比例不同的：「鐘擺效應運動之儀軌各別各擁其道。亦主導於「斥」「引」「和」之外應磁波作力的固定傾角。皆呈現：「鐘擺運動公轉繞行」。

（6）「鐘擺效應」是各個行星運循公轉儀軌。其『擺盪迴線倚：左15°、右15°合為「30°」的夾角』。30°迴盪

角。互運十二周次合成三百六十度一圓周運動。

（7）「☷无妄卦」乃「先天六十四卦相」的「規」「矩」模範定律運動。整個宇宙星系整體運動倚每運三十度角為繞循周期。「☷渙卦」之數術法。十二數晉盡於：「七自來復」乃為「一兆之數」。故「十方」「十界」「十度空間」各方界星系皆運轉在「十日紀元曆」星系總慨括囊於一兆光年的「大太空間各自循其模範行履：『生、成、相、旺、休、囚、死、盡。』之循環往復。」於「生」「滅」之中，又各別：「陽、陰構精。萬象化生。」易曰：「生生之謂易。」

（六）「先天六十四卦規矩圖」是「外循環」於「規」。「內循環」於「矩」。「矩圖」二十八星宿居「矩圖」外圍。倚「矩圖」之「中心點」向外半徑行歷「一圓周」乃是「規圖」的三十度角。來回作橢圓型運動。重疊在各一來15°、一往15°，一來往返復為三十度。倚「三十度存在一來

回重疊運轉」。是「整體共構運轉」的「六十四卦相符號的卦象學理論」。

（七）任何星系於「傾斜角度超過九十度角」則以「引力。斥分力。分比」以「九十度角為垂直比例。成為其反向自轉呈現九十度傾斜角度垂直：中和力。呈現「三和磁能量場之垂直超過九十度角而呈顯：「反方向逆行自轉。而「太陽大引力主宰行星公轉。則皆同一方向。出現：「鐘擺於三十度角度。」

（八）「☳无妄卦」九五領下四爻互：「☶出雷頤卦」。无妄卦下四互地位卦顯示：每一恆星系之互相運轉之行星。是以「行星的體積與磁能量場」對應「太恆星四面八方擴展能量中。」以「相等對應的磁場能量相互對應」於「各行星而有公轉的磁引力場」。而「各行星兩極對應產生：斥力自轉」。

（九）「傾角度」是「接受矩圖二十八星宿以：四正方定位於：行星之軸。使其定軸。且永不偏移。倚「三十度角呈現：鐘擺循繞於太恆星。」宇宙間「或大」「或小」之星系運循皆同是理。即濟：「☳无妄卦」

九五：「无妄來輯。不可越。牖輿輻」。

象曰：「无妄不越。埠。有徙冶。遐爾不怘」。倚「十方」「十界」「十度空間」皆有「磁場能原量波」互彼「交錯」。即載于〈易繫說卦傳第三章〉：「天地定位。山澤通氣。雷風相薄。水火（不）相射。八卦相錯。數往者順（公轉）。知來者逆（自轉）。是故。易。順逆牖數冶」。（第三力：即外來之力。呈現：引、斥、和。同構：三和一體作用力。）創建☳☰无妄卦卦辭：「无妄。元亨。利貞。无妄。其斐正牖道。利有攸往。」乃：「斥、合、和」的「三和磁能量場對應：三和定位作用」。皆可顯現于：「顯。隱。兩象分而為二。掛一以象三。揲之以四。以象四盈。」（易繫上九章）。「順逆牖數冶。」。〔註：「數」即「☵☶節卦的：制。數。度。」曰：「均咨」「衡恆」「牖道」。〔☳☰无妄卦〕九五：「无妄來輯。不可越。牖輿輻。」：九五爻乃象辭：「剛自外來。」與：「達亨迤正。天之命冶。其斐正牖道。利有攸往。无妄致（一致同運共構於三才卦相）。往。闓致迤。（各恆星系之行星循運乃下四互：☶☳頤之☷☷坤闓一致透迤運循往復）。天命有孚。（即九五挈統下四爻☶☳頤卦。而中四互：☴☶風山漸卦

顯示其☴巽旋上卦巽動磁波孚於下☶艮山之上。且主導在「中四互☶漸卦」。九五之上有「上九爻」。顯示：「天外有天。」是為☰乾天之尚存有宇宙中的其他星系之：「異同」「同異」空間世界。共構于：「異同」「同異」之「十度空間」中。「循秩。範常冶」。

　「☳无妄」九五象曰：「无妄不越。埠。有徙冶。遐爾不忒。」顯現：「宇宙諸：十方。十界。十度空間。」皆「有徙冶」。且：「遐爾不忒。」

易經原辭上九爻辭

◎〔☲☳无妄卦上九爻辭〕：（節錄易經講義）。

上九，无妄，行（一）有眚（二），无攸利（三）。象曰：无妄之行，窮之災（四）也。

【新註】

（一）行：加進。（本義）

（二）眚（ㄕㄥˇ）：過失。（程傳）

（三）無攸利：無所利於往。（程傳）

（四）窮之災：是窮極而為災害。（程傳）

【新譯】

　　上九在卦終，无妄之極，若復加進便有過失，是不利於所往。小象說：无妄而又行進，是窮極而為災害了。

【集註】

　　船山易內傳：初以陽剛震起，代天而行非常之事，上九宴居最高之地，處欲消之勢，不能安靖以撫馭之，而亢志欲行，則違時妄動、自成乎眚，而無攸利矣。時已過，位已非其位，權已歸下，恃其故常而亢志以行。

▲案：无妄之極，蓋至誠，又何眚？此蓋窮而不

知變也，如中孚上九爲信之極亦然，此如尾生
及孝己之行。

本論无妄卦上九爻辭

◎〔本論〕：〔☶☳无妄卦上九爻辭〕：

上九：「无妄。陘牖從。輯籍。有攸利。」

象曰：「无妄致輯。吝陘。穸。致載冶。」

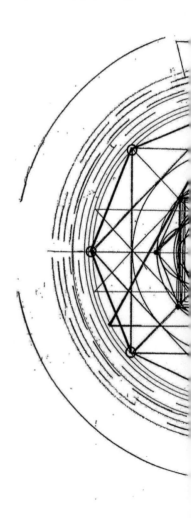

〔Ａ二圖〕：〔星系構磁運循。无妄運行輯籍〕

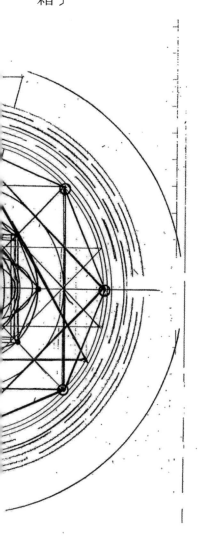

連山易數理圖

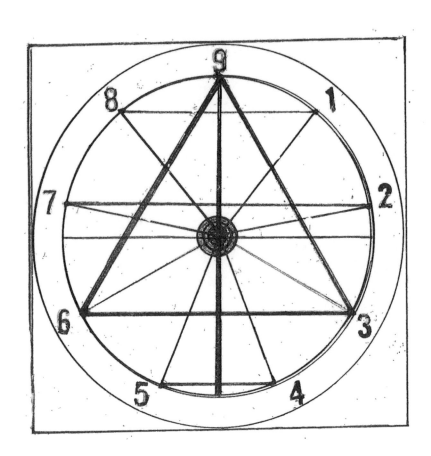

易經錯了幾千年

无妄卦上九釋辭

◎〔☰无妄卦〕：上九：「无妄。陉牖從。輯籍。有攸利。」

　象曰：「无妄致輯。咎陉。穹。致載冶。」

◎〔註釋〕：

（一）「☰无妄卦」上九爻已臻乾天極位。於「☰无妄卦」中。極居「九五尊爻之上。」且「藏七」晉位。上九卽盡於「八盡之數。」卽濟向外迆衍☰乾天空大太空相。而卦相變成：「☲風澤中孚卦」。卽行履☰无妄卦象辭：「天命有孚」繼繫「☷頤卦」☰无妄卦下四爻地位卦相。呈顯「☷頤卦」爲「一共構星系運轉之大象於「☲風澤中孚卦」曰：「天命有孚。循秩。範常冶。」

（二）「☰无妄卦」上九爻已將提綱挈領。晉七卽濟：「盡于八之數」。「八盡」亦卽：「晉升于☰无妄卦本卦☰乾天外之☰乾天」。

（三）「伏羲先天八卦相」每兩重上下成大成六爻卦。由初爻往上行論卦相。第六爻已極

天位卦之外。而「第五爻時統領下四爻互的地位卦」且以「中四互之人位卦」自呈一卦相顯現「中位卦」乃上承「天位卦」「下載地位卦」。

（四）「天位卦」上爻領卦。六十四卦每一卦之卦相變易法理。終歸于「其每一卦六爻總相論斷」。不論將其用於占卜或天象。上爻皆是「四互十八爻之：天位。」總論每一卦回歸每一卦相從「初」往「上」，上、下兩卦之有「來」「往」，乃顯現「順」「逆」兩向之有「對應於反方向」：一來、一往。亦可交會於「上來」「下往」。交會於上卦與下卦的「間隔空間」曰：「陰」「陽」交錯中心太極立定點。乃〈說卦傳第三章〉：八卦相錯之「三和磁能量」的上下中心交會點。此「間隔空間」顯示於「䷾即濟卦」與「䷿未濟卦」兩卦代表象徵皆理同於「水火（不）相射」的複合「五行陰、陽。」質能量之造就於「四十一法要」中的：「生。剋。制。化。合。比」等「六相中變易」。〔此即五行合十能量占論卦相六法。〕

（五）繫繼迤衍六十四卦相與易繫之辭。乃「宇
　　　宙生呈、共構之」：「道、理、法。」三
　　　和之相。

本論无妄卦上九釋辭

◎〔本論〕：「☶无妄卦」上九：「无妄。陘牖從。輯籍。有攸利。」顯示「一恆星系」至「一大銀河星系」之運循於「磁場能量定位運動」與其各自「軌儀固定運動」：「周而復始。循環往復。」

象曰：「无妄致輯。吝陘。窍。致載冶。」：「窍」：九五：「遐邇不忒」對應象辭：「天命有孚。循秩。範常冶。」。是「☶无妄卦」：「元亨利貞。无妄。其斐牖道。達亨迤正。天之命冶。」。以「上九」退位。行履：「☴風澤中孚卦」之「信孚之道、理、法」。

◎〔註：五行合十陰陽論卦相有「生、剋、制、化、合、比。」而「生滅六爻法是：生、相、旺、休、囚、死。」六相中有「八法」用「十」之數。即易繫上九章：「十有八變而成卦。」「八卦而小成。」「引而伸之。觸類而長之。」伸：亦「申」：伸：開展延伸。伸而致知」。申：伸張即濟：「顯」之「相」於「動之可見。」亦：「隱」之「象」於「力之潛能量。」皆可「引而伸之」於「顯」「隱」

兩相之中。

◎〔五行生剋圖：ZB圖示〕

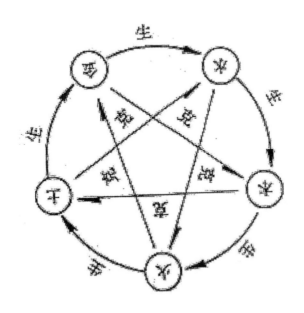

◎〔註釋〕：「五行合十陰陽相互有：六相變
　　易：生。剋。制。化。合。比」六相法。

　　與「生滅六相」不同解於「六十四卦相」。
生滅六相是：「生。相。旺。休。囚。死」。符
於「六爻相」時空行履生滅之卦相論。

　　「道中有道。依律運轉。」且必需歷履其
道本常。不可亢。弗克違。〔圖示隱力大於顯
相〕。

◎〔☲☷无妄卦圖示〕：〔ZA圖示〕

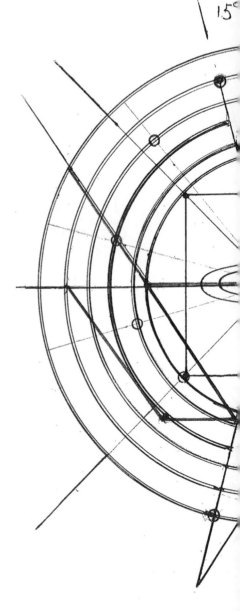

15°

易經錯了幾千年

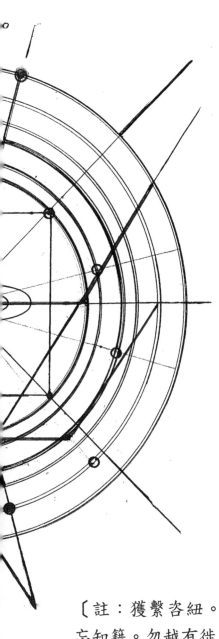

〔註：獲繫咎紐。行任資得。施任咎儕。毋
忘知籍。勿越有徙。〕

◎〔圖示〕：（一）☶天雷无妄卦。「六二」
正應「九五」。「六三」當應「上九」。
「六二」：「不更或。埠秩輿輒。利有攸往。
象曰：不更或。制。阜冶。」。九五：「无
妄來輯。不可越。牖輿輻。」。象曰：「无
妄。不越。埠。有徙冶。遐邇不忒。」。顯示
「九五爻」已是：「☶頤卦上九之外的☰乾天
之外☰乾。」。

　　而「上九爻」更極「九五爻」之外之☰乾
天。上九：「无妄。陘牖從。輯籍。有攸利。」
象曰：「无妄。致輯咎陘。穹。致載冶。」

總論

◎〔總論〕：「☲☳无妄卦」卦相解示：
◎天位卦☰　　人位卦☶　　　地位卦☷
　　內互☰乾天卦　　　　　　內互☷坤地卦
◎上五爻互☰　　　　　　　下五爻互☷
◎人位卦四互卦：
　　☶
　　☶
　　☶
◎地位卦
◎地位卦上五爻互卦。　　　地位卦下五爻互。
　　☶剝卦　　☷復卦
　　地位卦☷頤卦中四互：「☷坤卦」。

◎〔釋〕：
（一）「☲☳无妄卦」：天位卦：「☰姤卦」。姤
　　　卦上五爻互皆陽爻。一陰居初爻。「☰姤
　　　卦初六」呈現☷坤卦乃居處「地位卦於☲
　　　无妄卦中六三之位。坤卦六三、六四皆居
　　　☷坤卦人位中互爻。辭：「六三：含章可

臻。」與「六四：括囊。務就。務育。」皆應於「☳无妄卦」「六三：无妄咎載。獲繫咎紐。衍任秩循。施任自簡。」

（二）「☳无妄」人位卦：「☶風山漸」卦相：「☴巽旋在上卦」旋循於下☶艮不動之山。卽濟无妄卦六二爻：不更或。埠。秩輿輒。利有攸往。象曰：「不更或。制。阜冶。」與「六三爻辭」同用：「輿輒」乃「☴巽旋」於「☶艮山之軸顚。」无妄六三：「衍任秩循。」

（三）「☳无妄卦」：ZA圖示之「內圖」顯相：「地位☶頤卦」爲一總體架構共磁俱「和、合、斥。」三等衡恆「定位自簡。」乃致一行履：「公轉」於「恆星同等量吸引力使行星公轉」。「斥力使行星自轉」。外應「中和力」使行星產生傾角定位不更或的定準運循不忒」。

卦相變換法則

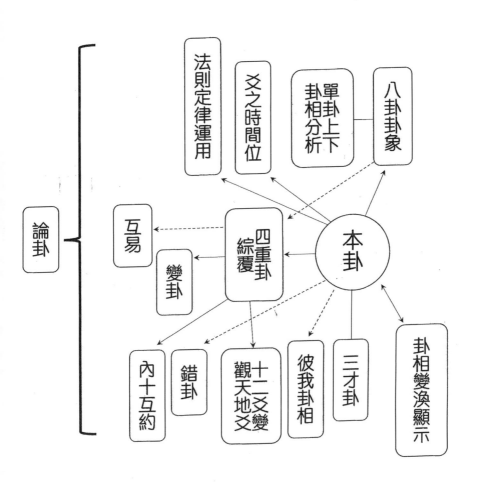

陰陽相對屬性對照表

屬性

土性		火性		水性		木性		金性	
陽—量宏懷寬 △	陰—厚顏無恥 ▲	陽—熱情好義 △	陰—執拗暴躁 ▲	陽—沉靜聰明 △	陰—陰險多術 ▲	陽—寬厚仁慈 △	陰—嗔恨嫉妬 ▲	陽—剛毅果斷 △	陰—專制寡情 ▲

對比

前
後
〉隨

聲
音
〉和

高
低
〉傾

短
長
〉形

難
易
〉成

有
無
〉生

易經錯了幾千年

八單卦卦象及取象歌

八單卦卦象

　　☰乾卦　☱兌卦　☲離卦　☳震卦
　　☴巽卦　☵坎卦　☶艮卦　☷坤卦

八卦取象歌

　　☰乾三連　☷坤六斷　☳震仰盂　☶艮覆碗
　　☲離中虛　☵坎中滿　☱兌上缺　☴巽下斷

八單卦象徵表

	自然	人間	屬性	動物	身體	方角
乾☰	天	父	健	馬	首	西北
坤☷	地	母	順	牛	腹	西南
震☳	雷	長男	動	龜	足	東
巽☴	風	長女	入	雞	股	東南
坎☵	水	中男	陷	豕	耳	北
離☲	火	中女	麗	雉	目	南
艮☶	山	少男	止	狗	手	東北
兌☱	澤	少女	說（悅）	羊	口	西

八單卦象徵意義

1.☰乾、天

陽曆：月令以陽曆廿四節氣月令。

季節——從十月上旬寒露至十二月大雪的二月間。

時間——十八時至二十一時。

天象——晴天、太陽、天空、乾旱、嚴寒。

人物——父、祖先、主人、長輩、老人、宰相、夫、上司、官吏、資本家、神明、剛健的人、總經理、軍人、有威嚴的人、君子、援助者、中心人物、有影響力者、經營者等。

人體——首、頭、左肺、脊髓、骨。

疾病症狀——高熱、肺病、頭昏、腫瘡、腦溢血、便秘神經系統疾病、頭痛、高血壓、急劇性疾病。

市場行情——上漲、騰貴。

場所——都會、首府、寺廟、官衙、名勝、廣場、郊外、運動場、競技場。

動物——龍、獅子、虎、鯨、象、馬、龍、蛟。

植物——常綠樹、杉、松、樹木的果實。

雜物——堅硬之物、圓形物體、覆蓋物、高價物品、活動物體、巨大之物、鏡、鐵、礦物、米、齒輪、寶石、貴重金屬、大廈、汽車、機械、果實、通貨、鐘錶。

性情——工作熱心、能掌握大局、獨立性強、很重現實、善於交友、但樹敵亦多。個性活躍、領導能力強、風度翩翩、爲人風趣。

其他——信仰、大、充實、圓形、競技、活動、繁忙、膽量、果斷力、堅固、健康、戰爭、懷胎、過分、超出預算、政府、施行、收藏、氣力、抽象、錢正面。

2.☱兌、澤

陽曆：

季節——從九月白露到十月寒露的一個月間。收成時節。

時間——十五時至十八時。

天象——陰時多雲，快下雨、梅雨。

物——太空飛行器、空行飛船。

人物——少女、娼妓、酒吧女、銀行職員、歌星、翻譯人員、發起人、妾、放款人、非處

女。

人體——口、肺、呼吸器、女性性器官、齒、言。

疾病——肺病、呼吸器官疾病、性病、婦女病、跌打損傷、言語障礙、口腔內疾病。

方位——西、右、白虎。

市場行情——價格低、毀折。

場所——沼澤地、娛樂場、食堂、凹地、講習會場、咖啡店、銀行、低窪地、水邊、鳥屋、廚房、花街柳巷、池、谷、湖、山崩地裂之地。

動物——鳥、河魚、羊。

植物——秋季開花的七種草（荻、葛、雄花、瞿麥、女蘿蘭草、桔梗）、生薑。

雜物——紙幣、食物、刀劍、有缺口之物、玩具、雞肉、雞肉飯、甜酒、咖啡、鍋、鋁水桶、撲克牌、星、扇、口香糖。

性情——性格爽朗而且愛慕虛榮、有常識、有自滿於小成就的傾向、情慾強烈、容易受誘惑、口才好而且機敏、講究享受、易聽信人言、性格不剛強。

其他——經濟、金融、利息、口才、口角、戀情、笑、色情、一時中止、封套、缺三分之一、折斷、彎曲、妖艷、喜悅、口令。

3. ☲ 離、火

季節——從六月上旬芒種至七月上旬小暑的一個月間。太陽南回、陽光強烈之時，為陰陽分岐點，從陰陽兩作用的分界而言，有別離意味。

時間——九時至十二時。

天象——晴、日。

人物——中女、教師、美人、藝術家、文學家、推事、美容師、設計師、學者、消防人員、演員、知識份子、高科技、文明。

人體——心臟、眼、臉部。

疾病——心臟病、眼疾、高熱、灼傷、便秘、頭暈。

市場行情——上漲。

場所——美容院、圖書館、火災後的廢墟、燈塔、法院、劇場、資料館、裝飾品店、藥局、文具店、學校、噴火口、瞭望台、教會。

動物——金魚、孔雀、螢火蟲、雉、螃蟹、龜。

植物——南天竹、胡桃、楓樹、牡丹、花。

雜物——美麗物品、裝飾品、化粧品、眼鏡、文書、書畫、股份、票據、印鑑、文具、電視、鏡子、槍、刀、蠟燭、火柴、藥品、曬乾物

品、照相機、樣本、火槍、長鎗、戈、火爐、飛行器。

性情——注重外表、性情善變、動輒發怒、性急欠冷靜、經常失敗、表面明朗、生性懦弱、有先見之明、才能卓越、如得貴人扶持前途輝煌、求知慾強、重名譽。

其他——精神、學問、教育、公事、先見之明、發現、名譽、高升、尖銳、光輝、藝術、離別、炸彈、火藥、戰爭、兵戈、爆炸、切割、手術、競爭、激烈、美、發明、外觀、美容、華美、文明、光、理想、表現、記錄、八面玲瓏之人。

4.☳震、雷

陽曆：
季節——從三月上旬驚蟄至四月上旬清明的一個月間。太陽遠離，寒風冷冽。只有孕育萬物萌芽之勢。

時間——三時至六時。

天象——晴、雷雨、地震。

人物——長男、青年、廣告、宣傳人員、廣播員、接線生、電氣、與樂器有關的人、勇者、

不安份的人、急性子的人、公職人員、獄官、軍警、王侯、發號司之之職、將帥。

人體——肝臟、神經、腳。

疾病——肝臟病、暈眩、歇斯底里症、神經痛、痙攣、百日咳、氣喘、風濕病、突發病症、肌肉痛、受傷。

市場行情——變動、上升。

動物——龍、鳴蟲、龜、雀。

方位：東、左、青龍。

植物——檸檬、嫩竹、仙人掌、蜜柑、山茶。

雜物——電器用品、發出聲響之物、樂器、鈴、電話、廣告傳單、燈火、煙火、新潮物品、新品樹苗、壽司、槍。

性情——個性爽朗、善於交際、積極而且早熟、有桃色糾紛、有所偏愛、個性倔強、卻無膽量、性急而且感情化、說話易遭誤解、而且感到痛苦、征伐。

其他——繁榮、發展、爬升、伸長、侵入、希望、奮起、聲音、音樂、鳴叫、雷鳴、動、激烈、喧囂、火災、明朗、新鮮、性急、速度、評價、宣傳、廣告、誑語、勇敢、嚇人之物、頻動、波動。

5. ☴ 巽、風

陽曆：

季節——從四月上旬清明至芒種約二個月間。陽氣滋生時。

時間——六時至九時。

天象——刮風、不下雨。

人物——長女、推銷員、商人、旅行者、來客、郵局工作人員、迷失的人、未婚者。

人體——肝臟、呼吸器官、腸、股、食道。

疾病——感冒、呼吸器官的疾病、腸疾、狐臭、性病、流行性疾病、肝臟病、病情忽好忽壞。

市場行情——不穩定、有下跌傾向。

場所——道路、連絡用道、遠處、機場、海港、電信局、信箱、郵筒、商店、加工廠。

動物——蛇、鳥、蝴蝶、白帶魚、蜻蜓、海鰻。

植物——竹、木、柴。

雜物——電風扇、團扇、飛機、長繩、木製品、加工品、帶、線紙、麵條、佛香、香水、繫、羽毛、帆、扇、枯葉。

性情——慈祥溫和、樂於助人、說話婉轉、

喜歡社交、果斷力弱、容易喪失好機會、自我認識不夠、滿腹牢騷、過於自負。

其他——交際、關照、友情、信用、貴賣、不定、謠言、遠方、旅行、通訊、迷惑、搞錯、長、飛、說媒、結論、和諧、機警敏捷、風俗、輕率、敷衍、傳遞、波頻。

6.☵坎、水

陽曆：

季節——從十二月上旬大雪到一月上旬小寒的一個月間。爲等候春天的降臨，必須忍耐準備的堅苦時期。

時間——二十一時至二十四時。

天象——雨雪交加、霜、梅雨、寒氣、月。

人物——中男、船員、法律專家、思想家、部下、介紹人、性感之人、盜賊、病人、死者。

人體——耳、腎臟、性器官、肛門、臀部、子宮、細胞陰。

疾病——耳炎、腎炎、尿道炎、糖尿病、出血、喀血、化膿、盜汗、中毒、酒精中毒、下痢、寒症、婦女病、月經不順、性病、痔瘡、疼痛症。

市場行情——下跌、最低價格。

場所——穴、洞穴、水源地、瀑布、河川、汙水、水利局、井邊、洗手間、酒店、地下、內側、後門、寢室、等候室、海中、北極、運補、輸送。

動物——魚、貝類、狐、豬豕。

植物——絲瓜、水草、水仙、蘿蔔、紅梅。

雜物——食用水、泉、飲料、牛乳、汁、醬油、酒器、海苔、豆腐、醃菜、毒藥、針、筆、弓、水晶、石油、環、酒、車、舟、矛、箭矢。

性情——不圓滑、有怪癖、講求面子、面惡心善、注意力集中、熱心、為達目的不顧不切、勞碌而且神經質、不知變通、意氣用事、自傲、喜獨處。

其他——濡濕、創始、沉沒、潛入、流轉、煩惱、勞苦、貧困、孤立、障礙、疾病、性交、隱情、私奔、秘密、幽會、裡面、睡眠、鎮靜、親愛、親睦、連絡、法律、思考、計謀、狡猾、黑暗、寂寞、儲屯、補給、運送。

7.☶艮、山

陽曆：

季節——從二月立春至三月上旬驚蟄的一個月間。由冬入春的變化時期。

時間——零時至三時。

天象——陰。

人物——少男、繼承人、家族、親戚、同業者、革命家、頑固者、高尚之人、奇特之人、貪心之人、警備人員、飯店工作人員、倉庫管理人員、後繼者、礦業人員、監獄監管人員。。

人體——關節、背部、鼻、手指、男性性器官。

疾病——關節痛、骨折、鼻炎、腰痛、血氣不順、脊椎骨的疾病、跌打損傷、脾臟疾病。

市場行情——漲停板。

場所——城、石牆、土堤、山岳、山林、閣寺、高山、高地、宿舍、旅館、倉庫、小庫房、二樓、階梯、拐角、走廊、門、出口、椅子、山路、境界、貯藏所、橋、丘陵、家、囚獄、檻。

動物——狗、有牙齒之動物。

植物——百合、桃、李。

雜物——不動產、門、小石、桌、倉庫物

品、牛肉、鹹魚子、藤生物、纏住、山芋、高級甜點心。

性情——做事穩健且受長輩提攜、在實業方面有所成就，如私慾過重、將遭朋友排斥而被孤立、不屈不撓、具有重振雄風的毅力、性情保持平和、改變方針時多加注意，則可獲得幸福、好惡分明、好勝而且理解力強、自我主義。

其他——親屬、繼承、轉振點、改革、革命、復活、再起、改良、整理、停止、中止、退、關店、儲蓄、慾念、頑固、高尚、拒絕、歡迎、堅固。

8. ☷坤、地

陽曆：

季節——從七月上旬小暑至九月上旬白露的二個月間。

時間——十二時至十五時

天象——陰。

人物——妻、母、女、老婦、農夫、民眾、勞工、副主管、平凡人、溫順的人、老母。

人體——腹部、胃腸、皮膚、肉、皮肉、內臟。

疾病——胃腸疾病、消人不良、食慾不振、皮膚病、下痢、便秘、過勞、老化、死亡。

市場行情——跌停板。

場所——平地、農地、農村、山村、原野、鄉村、故鄉、安靜場所、黑暗地方、工作場所。

動物——母馬、牛、家畜、蟻。

植物——蘑菇、芋、馬鈴薯、蕨。

雜物——布、棉織品、袋子、床單、書、被單、貼身內衣、綢緞、不動產、古物、土器、陶瓷器、鍋釜、容器、空箱子、榻榻米、甘薯、粗點心、廉價品、粉末、日常用品、鞋、古董、錢負面。

性情——外柔內剛、較踏實地努力，可獲成功，一點一滴累積以致富，缺乏創意與果斷力，但工作認真、踏實而且個性柔順，在組織中受人信賴，適合輔助性質的工作。和順。卑下。

其他——樸實、農業、低等職業、勤務、營業、傳統、舊式、拖延、夜、黑暗、不消化、空虛、空、吝嗇、認真、參謀、四角、厚、均等、具體的、靜。錢負面。軍隊。民眾。團結。順從。

易占八宮卦變化情形

（一）乾宮（金屬）所屬八個重卦

☰ 純乾卦（乾爲天）爲本宮各卦變動開始點

☰ 第一爻變（天風姤）

☰ 第二爻變（天山遯）

☰ 第三爻變（天地否）

☰ 第四爻變（風地觀）

☰ 第五爻變（山地剝）

☰ 回來第四爻變（火地晉）

☰ 下卦全變（火天大有）

（二）兌宮（屬金）所屬八個重卦

☱ 純兌卦（兌爲澤）爲本宮各卦變動開始點

☱ 第一爻點（澤水困）

☱ 第二爻變（澤地萃）

☱ 第三爻變（澤山咸）

☱ 第四爻變（水山蹇）

☱ 第五爻變（地山謙）

☱ 回來第四爻變（雷山小過）

☱ 下卦全變（雷澤歸妹）

（三）離宮（屬火）所屬八個

☲☲ 純離卦（離為火）為本宮各卦變動開始點

☶☲ 第一爻變（火山旅）

☴☲ 第二爻變（火風鼎）

☵☲ 第三爻變（火水未濟）

☶☵ 第四爻變（山水蒙）

☴☵ 第五爻變（風水渙）

☰☵ 回來第四爻變（天水訟）

☰☲ 下卦全變（天火同人）

（四）震宮（屬木）所屬八個重卦

☳☳ 純震卦（震為雷）為本宮各卦變動開始點

☳☷ 第一爻變（雷地豫）

☳☵ 第二爻變（雷水解）

☳☴ 第三爻變（雷風恆）

☷☴ 第四爻變（地風升）

☵☴ 第五爻變（水風井）

☱☴ 回來第四爻變（澤風大過）

☱☳ 下卦全變（澤雷隨）

（五）巽宮（屬木）所屬八個重卦

☴☴ 純巽卦（巽為風）為本宮各卦變動開始點

☴☰ 第一爻變（風天小畜）

䷤第二爻變（風火家人）

䷩第三爻變（風雷益）

䷘第四爻變（天雷无妄）

䷔第五爻變（火雷噬嗑）

䷚回來第四爻變（山雷頤）

䷑下卦全變（山風蠱）

（六）坎宮（屬水）所屬八個重卦

䷜純坎卦（坎為水）為本宮各幫變動開始點

䷽第一爻變（水澤節）

䷂第二爻變（水雷屯）

䷾第三爻變（水火既濟）

䷰第四爻變（澤火革）

䷶第五爻變（雷火豐）

䷣回來第四爻變（地火明夷）

䷆下卦全變（地水師）

（七）艮宮（屬土）所屬八個重卦

䷳純之卦（艮為山）為本宮各卦變動開始點

䷕第一爻變（山火賁）

䷙第二爻變（山天大畜）

䷨第三爻變（山澤損）

䷥第四爻變（火澤睽）

䷉第五爻變（天澤履）
䷼回來第四爻變（風澤中孚）
䷴下卦全變（風山漸）

（八）坤宮（屬土）所屬八個重卦

䷁純坤卦（坤爲地）爲本宮各卦變動開始點
䷗第一爻變（地雷復）
䷒第二爻變（地澤臨）
䷊第三爻變（地天泰）
䷡第四爻變（雷天大壯）
䷪第五爻變（澤天夬）
䷄回來第四爻變（水天需）
䷇下卦全變（水地比）

四大難卦

　　以下並列的四卦，各卦均帶有☵坎水，在運勢上而言，屬於困難逆境之卦。

　　（3）䷂水雷屯：開始之時遭遇困難。

　　（29）䷜坎為水：開始與最後之時，進退均有困難。

　　（39）䷦水山蹇：中途遭遇困難。

　　（47）䷮澤水困：困難之極。最終之苦惱。

　　上卦（外卦）帶有☵坎卦者，主有外患，下卦（內卦）有坎者，主有內憂，故䷜坎為水表示內憂外患。由於坎具有穴、困難、苦難之卦象，故占得該卦時，必須自我保重，以挽救極險的狀況；並且步步為營，等候時機的到來，以謀脫離險境。就逆境之卦而言，求得之卦時，如所占得的爻位接近上爻者，表示其困難將近結束。

　易經錯了幾千年

彼我分析法

　　該占法係將所占得的大成卦（本卦）加以分離，上卦（外卦）代表對方，下卦（內卦）代表自己。該種占法多運用於買賣交涉之類的占卦；但是，其並非隨時均可加以應用，祇不過是占法之中一種看法而已。譬如：☶☴風山漸的上卦為☴巽，風，視為對方；下卦為 艮，山，視為自己。該種情形之下，且將對方四卦（雷、風、山、澤）的上卦如下列情形，加以倒置看看。

　　☳雷→☶艮、山→停止
　　☴風→☱兌、澤→誘惑
　　☶山→☳震、雷→前進
　　☱澤→☴巽、風→違背、迷惑

　　☰乾・天（不理睬）、☲離・火（看透）、☵坎・水（苦惱）、☷坤・地（不明瞭）等四卦加以倒置亦復相同，故仍持原來看法。如前頁所示風山漸的上卦☴風變為☱兌，☱兌象為誘惑，而下卦☶艮為停止之象，故可視為對方雖有所引誘，惟自己不為所動，保持停止狀態。四爻、五爻帶有 ▬▬ 陰爻時，則為對方朝我方前進，或有所引誘之意。

（3）☳☵水雷屯：視爲對方（☵坎‧水）陷於困窮狀況，正在設法之中；自己（☳震‧雷）則有意前進。

（50）☲☴火風鼎：視爲對方（☲離‧火）已經看準，而自己（☴巽‧風）卻持不同對方的態度。

（11）☷☰地天泰：視爲對方（☷坤‧地）態度不明確，而自己（☰乾‧天）則假裝不在乎的態度。

（2）☷☷坤爲地：視爲彼我雙方態度均不明確，不得結果。

（23）☶☷山地剝：視爲對方（☷→☳震‧雷）已經採取前進行動，而自己（☷坤‧地）卻不能表明態度。

（58）☱☱兌爲澤：視爲對方（☱→☴巽‧風）不同意，自己（☱兌‧澤）雖有所勸誘，仍不能達成諧調。

對八卦象意配合具體的占卦目的，進行占斷，其可應用的範圍，實廣泛無比。

另外，尚有將原卦的內卦陰陽互變，分析變更自我方針的一種占卦法：（6）☰☵天水訟（不和、起爭執。對方態度強硬。意見不能溝通），將其下卦（內卦）反轉過來，則變成（13）☰天

火同人（與志同道合之奮交往則吉。受關懷、提攜）。但是，該卦對於起初占得的本卦所表示的運勢，並不意味可以全面改變。

◎彼我論卦

該種卦法係將大成卦（本卦）當做我方，然後，將該大成卦整個掉轉過來，所得出之卦當做對方。譬如：䷒地澤臨代表我方，該卦上下掉轉則成䷓風地觀，係代表對方。賓主法為分析買賣交涉或對方狀態的占法，不過也只是所有占法之中的一種看法；占卦時，並非一定要使用該一賓主法。不妨因應所占問的事物作一參考。

䷀乾為天　　䷁坤為地　　䷜坎為水
䷝離為火　　䷚山雷頤　　䷛澤風大過
䷼風澤中孚　䷽雷山小過

以上所列八種大成卦，其上卦、下卦均相符，故主我方與對方均屬相同狀態。除去該八種以外的大成卦，有關其賓主法，謹略述如後：

我方
（55）䷶雷火豐
　　　成大　內部帶有苦惱　無持久性

對方
（56）䷷火山旅

親情淡薄　移動　孤獨　不安

（16）䷏雷地豫

　　歡樂　完成準備　希望　易於疏忽

（15）䷠地山謙

　　謙遜　謹慎　後期轉佳

（7）䷆地水師

　　戰爭　損傷　不得平安

（8）䷇水地比

　　親睦　平安　協力　遲緩

（40）䷧雷水解

　　解決　放鬆

（39）䷦水山蹇

　　停頓　阻滯　動彈不得

（46）䷭地風升

　　前進　地位上昇　循序前進

（45）䷬澤地萃

　　喜悅聚集　買賣繁昌　爭奪財產

（49）䷰澤火革

　　改革　轉換方向　愈往後愈佳

（50）䷱火風鼎

　　取新　跟隨機運　改正

（19）䷒地澤臨

　　希望　盛運　徐徐前進

（20）☴☷風地觀
　　　靜觀　觀察　受他人提拔　精神方面
　　　主吉

（41）☶☱山澤損
　　　一時的損失　先賠後賺　徐徐前進

（42）☴☳風雷益
　　　利益　先賺後賠　內部動

（60）(卦60)水澤節
　　　節制　緊張　段落

（59）☴☵風水渙
　　　離散　心不安

（54）☳☱雷澤歸妹
　　　顛倒順序　非常道

（53）☴☶風山漸
　　　事物漸有進展　金錢上的苦惱

（48）☵☴水風井
　　　重複　不能立即達成　守舊爲吉

（47）☱☵澤水困
　　　困難　不如意　資金不足

（32）☳☴雷風恆
　　　恆常　平穩　守舊　沒有進展

（31）☱☶澤山咸
　　　迅速行動　感應　遠方有佳音

（24）䷗地雷復

　　再來　一陽來復　復活　順利推進

（23）䷖山地剝

　　從基礎開始崩潰　身爲上司者感到困苦

（ 3 ）䷂水雷屯

　　創始的苦惱　萌芽　難以伸展

（ 4 ）䷃山水蒙

　　妄念　躊躇　蒙昧　黑暗　後半轉佳

（51）䷲震爲雷

　　奮進　有聲無形

（52）䷳艮爲山

　　止　再接再厲　經常阻滯

（17）䷐澤雷隨

　　隨從　臨機應變　改正

（18）䷑山風蠱

　　混亂　閉塞　來自內部的混亂

（36）䷣地火明夷

　　才能不受賞識　內心憂悒

（35）䷢火地晉

　　前進　昇　進昇　沒有內容

（22）䷕山火賁

　　飾也　美觀　內部空虛　犯意外的過失

（21）䷔火雷噬嗑

除去中間的障礙　逞強　買賣

（63）☲☵水火既濟
完成　先好後壞　結束

（64）☵☲火水未濟
未完成　先壞後好

（33）☰☶火澤睽
反目　背叛　後半轉佳　內部起鬨

（37）☴☲風火家人
和睦　親愛　意思溝通

（58）☱兌為澤
喜悅　小事有喜　沒有歸結　注意口角
之爭

（59）☴巽為風
疑惑　迷失而受損　中途受挫　不安定

（11）☷☰地天泰
安定　中途陷於混亂　表面良好

（12）☰☷天地否
否塞　半途開始亨通　困難

（26）☶☰山天大畜
養精蓄銳　進行計劃

（25）☰☳天雷无妄
順從趨勢演變　意外之災　迷惑

（ 5 ）☵☰水天需

等待時機　期待　養精蓄銳

（6）☰☵天水訟

申訴　不和　憂傷　爭執

（9）☴☰風天小畜

稍候時機未熟而焦躁

（10）☰☱天澤履

冒險　履虎尾的危險　開始時有驚恐
之事

（34）☳☰雷天大壯

強壯　好強　沒有實質

（33）☰☶天山遯

退　引退　凡事出錯

（14）☲☰火天大有

盛大　物質上的滿足　因人際關係而
勞苦

（13）☰☲天火同人

協力　受提扰　性急　和睦

（43）☱☰澤天夬

解決　斷然實行　不測之災　文書上
的錯誤

（44）☰☴天風姤

偶然相逢　迷惑多

詮卦

　　大成卦之中含有小成卦的八卦卦象者，稱詮卦。在占斷之時，以所含八卦卦象的意義爲主，進行判斷。又稱爲大卦。該詮卦亦屬占斷時的一項參考，並不一定需要觀察出來。

䷒地澤臨　　　䷓風地觀　　　䷽雷山小過
☳震（大震）　☶艮（大艮）　☵坎（大坎）

䷼風澤中孚　　䷡雷天大壯　　䷠天山遯
☲離（大離）　☱兌（大兌）　☴巽（大巽）

　　雷山小過（大成卦）包含坎（小成卦）象，視爲水、苦惱。風地觀（大成卦）包含艮（小成卦）象，故視爲停止。

包卦

　　以下所列舉之卦稱做包卦。譬如：山澤損、風雷益之卦包含坤卦，故視爲懷女胎。

　　☶ 山澤損　　☰ 乾中包含 ☷ 坤

　　☶ 風雷益

　　☶ 火澤睽　　☰ 乾中包含有 ☵ 坎

　　☶ 風火家人

　　☶ 澤山咸　　☷ 坤中包含有 ☰ 乾

　　☷ 雷風恆

　　☷ 水山蹇　　☷ 坤中包含有 ☲ 離

　　☷ 雷水解

　易經錯了幾千年

互卦（彼我之接觸點）

大成卦（本卦）的二爻、三爻、四爻稱爲互卦，三爻、四爻、五爻稱爲約象。本卦爲☷☱地澤臨，則其互卦爲☳震‧雷，約象爲☷坤‧地。將約象的☷坤‧地作爲上卦，互卦的☳震‧雷作爲下卦，則成☷☳地雷復的大成卦。以該本卦的上卦（外卦）代表對方，下卦（內卦）代表我方，則可說是對方與我方的接觸點或是現況。卽使從彼我形態上而言，也可以說是呈現出一種交錯狀態。進行占斷時，觀察該一由互卦與約象（二者合一，通稱互卦）所組成的大成卦，可以提供解決現況的一項線索；並且，其可視爲潛藏著的事情，配合、對照所得出的本卦（此處是指☷☱地澤臨），更可得出實際而具體的占斷。所以，互卦、約象可以說是占斷的關鍵。觀察互卦與約象之象，復可謀得解決問題的方法。譬如：☴☴巽爲風的互卦☱兌‧澤，約象爲☲離‧火，根據☲離‧火之象，則可判斷該事物是否與文書之類有所牽連。這也是一種占法上的應用。

占斷人事重點

　　左列占法圖解係說明占問具體事實的時候，所使用的各種方法。配合本卦、之卦加以研究，則各該占法均可作為占斷時的一種參考。占斷之妙全然存乎於此。占斷方法復因個人的深入研究與分析，必然有所領悟，而變成自己的易占。一般而言，占卦時，如果出現不好的卦，往往都會想重新卜筮（占卦）一次；但是，再度進行占卜的話，易占必然不會給予明確的指示或示正確的事態。所以，首先必須熟諳八卦或六十四卦的象意，然後，研究該卦並對照具體事實，進行占斷，方能掌握解決問題的重要鎖鑰。至於，想瞭解其中或隱藏的情事、進退之策或情熱時，則可根據詮卦、裡卦或是將內卦、外卦的陰陽爻互變，當可有所明瞭。但是，不熟諳八卦卦象，則該類占法必然難以運用自如。

　　▦　　▦
　約象　互卦
　　▦　　▦

易經錯了幾千年

六十四卦象及認卦捷徑表

上卦 / 下卦	1.天乾 ☰	2.澤兌 ☱	3.火離 ☲	4.雷震 ☳	5.風巽 ☴	6.水坎 ☵	7.山艮 ☶	8.地坤 ☷
1.天乾 ☰	乾爲天 1	澤天夬 43	火天大有 14	雷天大壯 34	風天小畜 9	水天需 5	山天大畜 26	地天泰 11
2.澤兌 ☱	天澤履 10	兌爲澤 58	火澤睽 38	雷澤歸妹 54	風澤中孚 61	水澤節 60	山澤損 41	地澤臨 19
3.火離 ☲	天火同人 13	澤火革 49	離爲火 30	雷火豐 55	風火家人 37	水火旣濟 63	山火賁 22	地火明夷 36
4.雷震 ☳	天雷无妄 25	澤雷隨 17	火雷噬嗑 21	震爲雷 51	風雷益 42	水雷屯 3	山雷頤 27	地雷復 24
5.風巽 ☴	天風姤 44	澤風大過 28	火風鼎 50	雷風恆 32	巽爲風 57	水風井 48	山風蠱 18	地風升 46
6水坎 ☵	天水訟 6	澤水困 47	火水未濟 64	雷水解 40	風水渙 59	坎爲水 29	山水蒙 4	地水師 7
7山艮 ☶	天山遯 33	澤山咸 31	火山旅 56	雷山小過 62	風山漸 53	水山蹇 39	艮爲山 52	地山謙 15
8地坤 ☷	天地否 12	澤地萃 45	火地晉 35	雷地豫 16	風地觀 20	水地比 8	山地剝 23	坤爲地 2

連山意圖

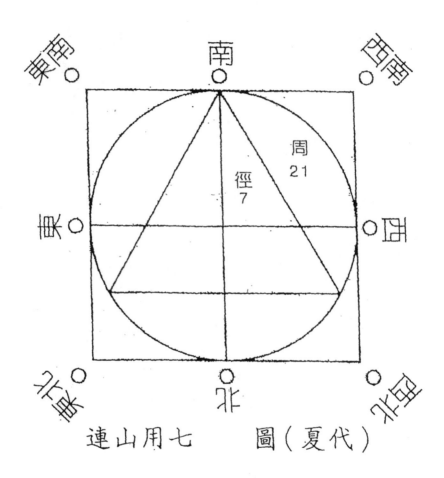

東南　　　　　　南　　　　　　西南

周
21

徑
7

東　　　　　　　　　　　　　　西

東北　　　　　　北　　　　　　西北

連山用七　　　圖（夏代）

易經錯了幾千年

歸藏用五用十圖（商代）

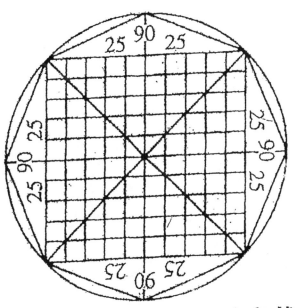

歸藏用五用十圖（商代）

先天八卦圖

圖 卦 八 天 先

易經錯了幾千年

離

兌

乾

巽

坎

艮

坤

震

國家圖書館出版品預行編目資料

易經錯了幾千年06／林永昌著. --初版.--臺中
市：白象文化事業有限公司，2022.2
　　面；　公分
ISBN 978-626-7056-87-5（平裝）
1.易經 2.注釋
121.1　　　　　　　　　　　110020776

易經錯了幾千年06

作　　者　林永昌
校　　對　林永昌
封面構思　林永昌
發 行 人　張輝潭
出版發行　白象文化事業有限公司
　　　　　412台中市大里區科技路1號8樓之2（台中軟體園區）
　　　　　出版專線：（04）2496-5995　　傳眞：（04）2496-9901
　　　　　401台中市東區和平街228巷44號（經銷部）
　　　　　購書專線：（04）2220-8589　　傳眞：（04）2220-8505
出版編印　林榮威、陳逸儒、黃麗穎、水邊、陳婷婷、李婕
設計創意　張禮南、何佳諠
經銷推廣　李莉吟、莊博亞、劉育姍、李如玉
經紀企劃　張輝潭、徐錦淳、廖書湘、黃姿虹
營運管理　林金郎、曾千熏
印　　刷　基盛印刷工場
初版一刷　2022年2月
定　　價　500元

缺頁或破損請寄回更換
版權歸作者所有，內容權責由作者自負

白象文化　印書小舖　PRESSSTORE　出版 · 經銷 · 宣傳 · 設計
www.ElephantWhite.com.tw　自費出版的領導者　購書 白象文化生活館